BEI GRIN MACHT SICH IHR WISSEN BEZAHLT

- Wir veröffentlichen Ihre Hausarbeit,
  Bachelor- und Masterarbeit

- Ihr eigenes eBook und Buch -
  weltweit in allen wichtigen Shops

- Verdienen Sie an jedem Verkauf

Jetzt bei www.GRIN.com hochladen und kostenlos publizieren

Bibliografische Information der Deutschen Nationalbibliothek:

Die Deutsche Bibliothek verzeichnet diese Publikation in der Deutschen National-
bibliografie; detaillierte bibliografische Daten sind im Internet über http://dnb.d-
nb.de/ abrufbar.

Impressum:

Copyright © 2009 GRIN Verlag, Open Publishing GmbH
Druck und Bindung: Books on Demand GmbH, Norderstedt Germany
ISBN: 9783640488209

Dieses Buch bei GRIN:

http://www.grin.com/de/e-book/140643/globalisierung-der-finanzmaerkte-nach-
dem-zerfall-des-bretton-woods-systems

Alper Baysan

Globalisierung der Finanzmärkte nach dem Zerfall des Bretton-Woods Systems

GRIN Verlag

GRIN - Your knowledge has value

Der GRIN Verlag publiziert seit 1998 wissenschaftliche Arbeiten von Studenten, Hochschullehrern und anderen Akademikern als eBook und gedrucktes Buch. Die Verlagswebsite www.grin.com ist die ideale Plattform zur Veröffentlichung von Hausarbeiten, Abschlussarbeiten, wissenschaftlichen Aufsätzen, Dissertationen und Fachbüchern.

Besuchen Sie uns im Internet:

http://www.grin.com/

http://www.facebook.com/grincom

http://www.twitter.com/grin_com

Die Globalisierung der Finanzmärkte nach dem Zerfall des Bretton-Woods Systems

Universität Bielefeld

Fakultät für Soziologie

Lehr- und Forschungsgebiet Politikwissenschaft

Sommersemester 2009

Veranstaltung: Dimensionen der Globalisierung

Alper Baysan

Einleitung

Die vorliegende Ausarbeitung zum Thema Globalisierung der Finanzmärkte nach dem Zerfall des Bretton-Woods Systems in den 1970er Jahren reiht sich in den Seminarkontext der Veranstaltung Dimensionen der Globalisierung ein. Diese Arbeit soll sich mit dem Zustandekommen des Währungssystems von Bretton-Woods beschäftigen, aufzeigen wie es zu der Auflösung dieses Systems kam und anschließend, in Anlehnung an „Casino Capitalism" von Susan Strange, einen Ausblick auf die Beschaffenheit und die Globalisierungstendenzen der Finanzmärkte ab den 1970er Jahren geben.

Um die Idee hinter dem Bretton-Woods Abkommens nachvollziehen zu können, werde ich zu Beginn meiner Ausführungen den historischen Verlauf des Zustandekommens dieses Regimes darlegen und wesentliche inhaltliche Aspekte des Währungssystems reproduzieren. Daneben möchte ich begründen, warum dem Bretton-Woods Abkommen der Plan von Harry Dexter White zur Basis gelegt worden ist und nicht der Vorschlag von John Maynard Keynes genommen wurde. Nach der Rekapitulation der historischen Ereignisabfolge werde ich Gründe für den Zusammenbruch des Systems darlegen und schließlich beschreiben, warum man in diesem Zusammenhang von dem Übergang vom „gefesselten zum entfesselten Markt"[1] spricht.

In meiner Schlussbetrachtung werde ich die Ergebnisse schließlich dahingehend auswerten, inwiefern die Auflösung des Bretton-Woods Systems zur Destabilisierung nationaler Ökonomien und zur Krisenanfälligkeit internationaler Finanzmärkte geführt hat. Besonderes Augenmerk werde ich in diesem Zusammenhang auf die Folgen und Auswirkungen der globalen Finanzkrise 2008/2009 legen. Zum Schluss werde ich dann die Frage aufgreifen, weshalb dem gegenwärtigen Regulierungsdefizit der globalen Finanzmärkte mit Steuerungsmechanismen (Global Governance) entgegengewirkt werden muss und wie diese konkret aussehen könnten.

---

[1] Mit dem „gefesselten Markt" (government-led-system) werden regulierte Strukturen bezeichnet, während der „entfesselte Markt" (market-led-system) die liberale und deregulierte Marktbeschaffenheit beschreibt.

Wie kam es zu den Konferenzen von Bretton-Woods?

Als sich die Vertreter und Delegierten von 44 Ländern im Juli 1944 in Bretton-Woods in New Hampshire (USA) zusammenfanden, hatten sie im großen Einvernehmen das Ziel eine neue finanzpolitische Ordnung zu schaffen, die von globalem Ausmaß sein sollte. Einerseits waren die Bestrebungen getrieben von sicherheitspolitischem Denken aufgrund des tobenden II. Weltkriegs und andererseits von dem Streben nach einem internationalen Handel der durch Abkommen und Regelungen mit globaler Gültigkeit barrierefrei gemacht werden sollte (vgl. Van Dormael, 1978, S.2).

Im Gegensatz zu der Zeit vor 1914, standen die Bretton-Woods Konferenzen in einem ganz anderen Licht. Zum ersten Mal in der Geschichte beschloss eine Vielzahl von Ländern, internationale Institutionen und Regime mit weitreichenden Kompetenzen aufzusetzen, die sich mit gemeinsamen ökonomischen und finanzpolitischen Fragen auseinandersetzen sollten (vgl. Van Dormael, 1978, S. 3).

Abgesehen von Ansätzen internationaler Zusammenarbeit im Post-Industrialisierungszeitalter z.b. im Sinne der damals existierenden „international financial community" oder der „international telecommunications union" (Scammell, 1975, S. 3), hatte es zuvor kein vergleichbares Zustandekommen internationaler Regularien und Regime gegeben, wie diese in Bretton-Woods initiiert und vorangetrieben worden waren. Die Zeit vor dem I. Weltkrieg war indes geprägt von nationalstaatlichem Denken und Territorialstaaten, die außenpolitisch größtenteils isoliert waren, vorrangig Partikularinteressen verfolgten und die Souveränität ihrer Verwaltungs- und Kompetenzhoheit gegenüber anderen Staaten in allen Dimension zu bewahren versuchten (vgl. ebenda).

Angesichts der wüsten Zerstörungen und den verheerenden Verlusten, die der II. Weltkrieg bereits zum Zeitpunkt der Tagungen der Bretton-Woods Konferenz angerichtet und herbeigeführt hatte, stellte sich für die Vertreter und die Delegierten der 44 Staaten die Frage, wie eine neue ökonomische und finanzpolitische Ordnung nach dem Ende des Krieges, welches nach der deutschen Niederlage im Dezember 1942 in Stalingrad absehbar geworden war, aussehen könnte. Die wesentlichen Gründe für das

3

Zustandekommen des Bretton-Woods Regimes waren ferner die Rekonstruktion und Rehabilitierung des weltweiten Zahlungssystems nach einem halben Jahrzehnt Krieg, und die Wiederherstellung einer normalisierten Schuldner und Kreditgeber Atmosphäre innerhalb eines funktionierenden internationalen Wirtschaftssystems (vgl. Scammell, 1975, S. 4). Zu diesem Zwecke bediente man sich zweier Konzepte, die den Konferenzen zur Basis gelegt worden waren. Auf der einen Seite stand der Entwurf des Engländers *John Maynard Keynes* und auf der anderen Seite der Vorschlag des US-Amerikaners *Harry Dexter White*.

Was waren die Unterschiede zwischen den Plänen von White und Keynes?

Keynes „Weltgeltordnung" basierte auf drei sogenannten „essentials" : Einem *" lender of last resorts"*, einem Buchungsgeld ohne eigene Banknoten *(„Bancor")* und einem *symmetrischen Anpassungsprozess für Schuldner- und Gläubigernationen* (Hankel, 1998). Der „lender of last resorts" sollte dazu dienen, die Weltgeldmenge aktiv steuern zu können, um vor Krisen- oder Inflationsfällen zu schützen. Mit dem „Bancor" plante Keynes eine Art internationale Währung mit dem einzigen markanten Unterschied, dass sie ein Buchungsgeld ohne eigene Banknoten war und im Wesentlichen dazu dienen sollte, „ein monetäres Metermaß für die Festlegung der Wechselkurse zu haben" (Hankel, 1998) und internationale Transaktionen zu ermöglichen. Mit dem symmetrischen Anpassungsprozess war z.B. in Krisenfällen nicht nur das Abkassieren von Strafzinsen von Schuldnerstaaten intendiert, sondern ebenso die Bestrafung der Gläubigerstaaten. Die Gläubigerstaaten, verpflichtet durch monetäres Völkerrecht, wären dazu gezwungen gewesen den verschuldeten Staaten zu helfen. Somit träfen Krisen nicht nur die ohnehin angeschlagenen und schwachen Staaten allein sondern würden alle beteiligten Staaten vor die Aufgabe der Problembewältigung stellen (vgl. Hankel, 1998).

Es gibt also drei markante Unterschiede zu **Whites** Plan. Erstens sollte Whites IMF (international monetary fund) ausdrücklich kleiner und begrenzter in ihrem Handlungsspielraum sein als Keynes es angedacht hatte. Außerdem sollte sie Gelder und

Kredite in nationalen Währungen verleihen wohingegen Keynes diese Transaktionen mit seiner als „bancor" bezeichneten Währung abzuwickeln gedachte. Drittens war Keynes Modell stark bilateral ausgerichtet und sah eine Dominanz der USA und Großbritanniens innerhalb dieses internationalen Währungssystems vor, wohingegen White eine multilaterale Lösung mit der Vorherrschaft des US-Dollars gekoppelt mit seiner Goldabdeckung als Leitwährung vertrat (vgl. Muchlinski, 2004). Beide Ökonomen sprachen sich indes für ein System anpassungsfähiger Wechselkurse verbunden mit Kapitalverkehrskontrollen aus.

Was sind die wesentlichen Inhalte des Bretton-Woods Abkommens?

Im Bretton-Woods Abkommen fand schließlich leicht abgewandelt Whites Ordnungskonzept Anwendung. Dies wird damit begründet, dass White den multilateralen und eher realistischeren Ansatz vertrat, „da er [unter anderem] der Preisstabilität den Vorrang gab" (Muchlinski, 2004), wohingegen Keynes durch sein bilateral geprägtes Konzept als Vertreter hauptsächlich britischer Interessen wahrgenommen wurde (vgl. Muchlinski, 2004).

Die beiden internationalen Organe, die zur Durchführung und Organisation des Abkommens geschaffen wurden, waren der Internationale Währungsfond (IWF) und die Weltbank bzw. die Internationale Bank für Wiederaufbau und Entwicklung (IBRD). Die Aufgabe des IWF war das Bretton-Woods-System zu überwachen und finanzielle Unterstützung für Mitgliedsländer bereitzustellen, die in Devisennot geraten waren oder sich mit Zahlungsungleichheiten auseinanderzusetzen hatten (vgl. Stepczynski, 2005). Durch das Abkommen wurde ein System „mit stabilen Wechselkursen auf freien Devisenmärkten etabliert" (Stepczynski, 2005), da bei nicht entsprechen der Wechselkurse zum Austauschverhältnis der Mitgliedsstaaten, Devisenkäufe oder – Verkäufe getätigt werden mussten, um das Verhältnis wieder herzustellen (vgl. Scammel, 1975).

Der Übergang vom „gefesselten" zum „entfesselten Markt"

Nach etwas über zwei Jahrzehnten, in denen das Bretton-Woods System gut funktio-
niert und entscheidend dazu beigetragen hatte, dass der weltweite Welthandel floriert,
die wirtschaftliche Produktion zunimmt und der langersehnte Wohlstand einkehrt,
brach es schließlich zusammen, als Ende der 1960er Jahre der Dollar nicht mehr aus-
reichend durch die Goldbestände der US-Amerikanischen Notenbank (FED) gedeckt
war (vgl. Kurm-Engels, 2008). Das Problem der Konvertibilität des Dollars in Gold,
wurde neben dem weltweiten wirtschaftlichen Wachstum und dem damit verbundenen
erhöhten globalen Geld- und Kapitalfluss, auch durch die inflationäre Geldpolitik der
USA während des Vietnamkriegs verstärkt. So untermauern Ökonomen heute retro-
spektiv, dass die Nichteinbeziehung inländischer Inflationsraten in die Wechselkurse
(also eine nominale statt reale Wechselkursordnung), real falsche und schließlich un-
glaubwürdige Umtauschverhältnisse geschaffen habe, was den Untergang des Bretton-
Woods-Systems zusätzlich stimuliert haben soll (vgl. Hankel, 1998).

Mit der offiziellen Auflösung des Bretton-Woods Systems 1971 durch US-Präsident
Nixon (vgl. Strange, 1997, S.7) begann der Übergang vom *„government-led-system"*
(gefesselter Markt) zum sogenannten *„market-led-system" (entfesselter Markt)*. Ein
Zustand, indem der Markt die Wechselkurse für die Währungen festlegt und nicht die
Regierungen oder andere internationale Organe wie es zu Zeiten des Bretton-Woods
Systems der Fall gewesen ist (vgl. Strange, 1997, S. 8). Innerhalb des *entfesselten
Markts* konnte durch die Freigabe der Devisenkurse ein globaler Devisenmarkt entste-
hen und sich entfalten. Banken waren gleichsam in der Lage von den freien Wechsel-
kursen und den damit verbundenen Gewinnpotenzialen zu profitieren, indem sie inter-
nationale Fremdwährungskredite aufnahmen und an andere vergaben (vgl. Lowell;
Farell, 1997, S. 47). Ebenso konnten sich auch der Anleihenmarkt seit den 1980er und
der Aktienmarkt seit den 1990er Jahren in einem allgemein „rasch voranschreitenden
Globalisierungsprozess" (Lowell; Farell , 1997 , S. 53) weiterentwickeln.

Eine sinnvolle zu stellende Frage wäre an dieser Stelle, in welchem Zusammenhang
der von Susan Strange eingeführte Begriff des „Casino Capitalism" nun zum sogenannten *entfesselten Markt steht*? Man könnte es als einen Versuch verstehen, die glo-

6

bale Finanzmarktsituation nach dem Zusammenbruch des Bretton-Woods Systems zu beschreiben. Strange spricht von einem Rauschzustand an den „Spieltischen des großen Finanzkasinos *(Strange, 1997, S. 5:play at the tables of the great financial casino)*. Ihre Metapher des Kasino Kapitalismus beschreibt operationalisierbar die Tatsache des Übergangs von den festen Wechselkursen zu den sogenannten „floating rates" (Strange, 1997, S. 5). Doch rein bildlich gesprochen, macht sie darauf aufmerksam, dass mit der Auflösung des Bretton-Woods Systems „Gier", die „Spielsucht" und unverantwortlicher Umgang mit Geld die „Spielszene" zu dominieren begonnen hat.

Strange führt darüber hinaus in ihrer Abhandlung aus, dass schon im Jahre 1978, aufgrund der absehbaren Verdopplung und Verdreifachung negativer Zahlungsbilanzen ohnehin defizitärer Staaten wie den USA, Frankreich, Italien oder Kanada, die „unsichtbare Hand" des liberalen Marktes nicht mehr zu funktionieren schien (vgl. Strange, 1997, S. 8). Des Weiteren wurde nach der Autorin in den 1970er und 80er Jahren festgestellt, dass die künstlich hervorgerufenen „Öl-Preis Schocks" zu Schwankungen der Wechselkurse führten. So herrschte verspätet globaler Konsens darüber, dass eine Stabilität der Wechselkurse nicht ohne beständig konstante Öl-Preise herzustellen war (vgl. Strange, 1997, S. 18). Die Auswirkungen dieser Schwankungen waren gerade bei Öl-Import, Entwicklungs- und Schwellenländern gravierend, da Exportpreise für landwirtschaftliche Güter und Rohstoffe niedrig blieben und sich gleichermaßen ihre „Terms of Trade[2]" verschlechterten (vgl. Strange, 1997, S. 19).

---

[2] An der Entwicklung der Terms of Trade kann abgelesen werden, wie sich die Austauschverhältnisse der exportierten und importierten Waren verändern. Steigen die Terms of Trade eines Staates, durch eine Preissteigerung der eigenen Exportgüter und/oder durch eine Preissenkung der Importgüter, verbessert sich die außenwirtschaftliche Position, da sich die Fähigkeit erhöht, mit dem gleichen Exportvolumen mehr Güter zu importieren. (Quelle: BPB, http://www.bpb.de/files/IFYTX9.pdf. 2006, Stand: 23.08.2009)

Schlussbetrachtung

Die Phase des Bretton-Woods Systems wird im Rückblick als eine Zeit stabiler internationaler Handels- und Finanzverflechtungen gesehen, da der wirtschaftliche „Boom" vieler westlicher und moderner Staaten in dieser Zeit vollzogen wurde. Ich denke, dass es in diesem Zusammenhang also nicht falsch ist zu sagen, dass das Bretton-Woods System mutmaßlich die wirtschaftliche Prosperität und den Wohlstand der westlichen Staaten herbeigeführt hat.

Betrachten wir jedoch die Zeit nach der Auflösung des Bretton-Woods Abkommens in den 1970er Jahren, stellen wir fest, dass mit der Deregulierung der Märkte eine massive Destabilisierung und Unsicherheit einhergegangen ist. Dies illustriert unter anderem die Anzahl aufgetreter Krisen seit den 1970er Jahren. Weltweit beträgt sie bis Ende der 1990er Jahre 166 wovon 119 Krisen systemischen Charakter haben, also auf die globale, deregulierte Finanzmarktordnung zurückzuführen sind (vgl. BPB, 2006).

Auch wenn durch die Liberalisierung der Märkte der barrierefreie globale Kapitalaustausch ermöglicht wurde und sich Devisen, Aktien und Anleihenmärkte ausbreiten und weiterentwickeln konnten, steht dies doch in keinem gesunden Verhältnis zu den Sicherheits- und Stabilitätsbedenken, die der „entfesselte Markt" mit sich gebracht hat. Dies sollte spätestens durch die Weltfinanzkrise 2008/2009 deutlich geworden sein, deren Auswirkungen als dramatisch eingeschätzt werden müssen, da erstens so gut wie alle Staat betroffen waren und sich zweitens die Finanzkrise nicht nur auf die Finanzmärkte sondern mindestens auch auf die Güterwirtschaft, wenn nicht sogar auf andere Systeme der jeweiligen Nationalstaaten, ausgewirkt hat.

An dem Beispiel der nationalen Bankenrettungsmaßnahmen[3] während der Finanzkrise 2008/2009 wird deutlich, dass es innerhalb der nationalen Finanzsysteme immer noch die nationale Zentralbank als „mächtigen Gläubiger der letzten Instanz" gibt (Dieter, 2003, S. 17), die in Krisenfällen für die Bereitstellung notwendiger Liquidität sorgt.

---

[3] z.B. Bankenrettungsmaßnahmen in Deutschland im Rahmen des Konjunkturpakets I (vgl. http://www.handelsblatt.com/politik/deutschland/banken-rettungspaket-tritt-in-kraft%3B2067706, Stand:07.09.10)

Ein vergleichbarer, globaler Mechanismus hierfür fehlt. Es ist also offensichtlich, dass die Schaffung des *globalen Finanzmarktes* nicht durch hinreichende „global-governance Strukturen" (Dieter, 2003, S. 17) begleitet wurde, was die Unvollständigkeit des globalen Finanzsystems deutlich macht.

Gerade hier bietet sich der Rückblick auf Keynes Konzept während der Bretton-Woods Verhandlungen, in denen er ausdrücklich für ein System eines symmetrischen Anpassungsprozesses für Schuldner- und Gläubigernationen plädiert hatte (vgl. Hankel, 1998). Denn ein System, in dem „Gläubiger [...] systematisch an der Krisenprävention und Krisenlösung beteiligt werden" (Dieter, 2003, S. 17) würde per se dazu beitragen, „die Weltwirtschaft stabiler zu gestalten" (Dieter, 2003, S. 18). Darüber hinaus muss auch der Finanzsektor der Schwellen- und Entwicklungsländer gestärkt werden, um die volle Integration dieser in den globalen Finanzmarkt zu gewährleisten und diese Staaten ebenfalls von Krediten aus dem Ausland unabhängig zu machen und den langfristigen Verzicht auf ausländische Verbindlichkeiten zu gewährleisten (vgl. ebenda). Eine andere oft diskutierte Besteuerung internationaler Kapitalgeschäfte ist die Tobin-Steuer[4]. Bei ihr besteht jedoch die Gefahr, durch Besteuerung des Devisengeschäfts das Liquiditätsniveaus auf dem globalen Markt zu senken, was unter Umständen zu einer noch höheren Volatilität der Wechselkurse führen könnte (vgl. ebenda), weil neben risikobehafteten auch harmlose, also alle Kapitalströme betroffen sind.

Zusammenfassend lässt sich sagen, dass es realitätsfern ist, von den „Märkten eine vollständige Selbstregulierung zu erwarten" (Dieter, 2003, S. 26). Dies haben wir durch die Finanzkrise 2008/2009 gelernt. Ebenso wie Herbert Dieter von einer Notwendigkeit „der Gestaltung der Globalisierung" (Dieter, 2003, S. 26) spricht, sehe auch ich eine große Notwendigkeit in der Schaffung von Regulationsmechanismen für den globalen Finanzmarkt um die Krisenanfälligkeit des globalen Finanzsystems zu reduzieren und gleichzeitig die Entwicklungen der Globalisierung in der Dimension

---

[4] Unter diesem Namen wird eine Umsatzsteuer von ein bis fünf Promille auf grenzüberschreitende Geldgeschäfte diskutiert. Sie würde spekulative Kapitalflüsse stark reduzieren und könnte nach Ansicht ihrer Befürworter zu einer wichtigen Einnahmequelle für die globale Armutsbekämpfung werden (Quelle: http://www.umweltdatenbank.de/cms/lexikon/lexikon-t/tobin-steuer.html. Stand: 23.08.2009)

der Finanzmärkte mit „Spielregeln" zu versehen. Wie diese Regulierung im engeren Sinne auszugestalten ist, bleibt im Ermessen der politischen Akteuere. Fakt ist jedoch: Sie ist unausweichlich.

Literaturliste

GALL,LOTHAR: Die Deutsche Bank von ihrer Gründung bis zum Ersten Weltkrieg 1870-1914. In: G. D. Feldman, H. James, C.-L. Holtfrerich, H.E. Büschgen (Hrsg.): Die Deutsche Bank 1870-1995. 125 Jahre Deutsche Wirtschafts- und Finanzgeschichte (München, 1997)

HERIBERT, DIETER: Globalisierung ordnungspolitisch gestalten. Die internationale Finanzarchitektur nach den Finanzkrisen. In: Aus Politik und Zeitgeschichte (BPB, 27. Januar 2003)

LOWELL, BRYAN; FARELL, DIANA: Der entfesselte Markt (McKinsey & Company, Inc.: Wien, 1997)

SCAMMEL, W.M: International Monetary Policy: Bretton Woods and after (The Macmillan Press ltd, 1975)

STRANGE, SUSAN: Casino Capitalism (Manchester University Press, 1997)

VAN DORMAEL, ARMAND: Bretton Woods, Birth of a Monetary System (The Macmillan Press ltd, 1978)

Internetquellen

Bundeszentrale für politische Bildung.: Größere Finanzkrisen seit 1970. (http://www.bpb.de/files/3OBR6L.pdf, 2006. Stand: 22.08.2009)

HANKEL, WILHELM: Euro - Ende des Sozialstaates, Schach dem Globalismus? Zur Notwendigkeit einer globalen Geldordnung. mündliche Vorlesung an der Universität Frankfurt am Main. (http://www.chemie.fu-berlin.de/fb/diverse/hankel981028.html, 1998. Stand: 23.08.2009)

KURM-ENGELS, MARIETTA: Im Sog der Bankenkrise. Bretton Woods – oder das böse Erwachen aus einem Rausch. In: Handelsblatt Online. (http://www.handelsblatt.com/politik/international/bretton-woods-oder-das-boese-erwachen-aus-einem-rausch;2065429. 19.10.2008, Stand 23.08.2009)

MUCHLINSKI, ELKE: Kontroversen in der internationalen Währungspolitik. Retrospektive zu Keynes-White-Boughton & IMF. In: Diskussionsbeiträge des Fachbereichs Wirtschaftswissenschaft der Freien Universität Berlin. Volkswirtschaftliche Reihe.
(http://www.wiwiss.fuberlin.de/institute/wirtschaftspolitikgeschichte/tomann/diskussionsbeitraege/DiskusKeynesBoughton.pdf. 2004/1, Stand: 23.08.2009)

STEPCYZNSKI, MARIAN: Abkommen von Bretton Woods. (http://www.hls-dhs-dss.ch/textes/d/D13744.php. 2005, Stand: 22.08.2009)

11